2050

인류의 미래

서정현 지음

The Future
Of Humanity

창조와 지식
creation & knowledge

2050 인류의 미래 The Future of Humanity

초판 1쇄 발행 2024년 05월 15일

지은이 서정현
펴낸이 김동명
펴낸곳 도서출판 창조와 지식
디자인 서정현
인쇄처 (주)북모아

출판등록번호 제2018-000027호
주소 서울특별시 강북구 덕릉로 144
전화 1644-1814
팩스 02-2275-8577

ISBN 979-11-6003-736-4 (03000)

정가 9,000원

서정현

2009년 서울 서초구 반포동 505번지에서 출생하였고, 서울 강남구 청담초등학교 입학한 후,서울 송파구 송례초등학교를 졸업하였다.
현재 서울 송파구 위례동 위례솔중학교 3학년에 재학 중이다.

어린이조선일보 명예기자로 활동하며,
삼성경제연구소 상임고문 손병두,
국립중앙의료원 주영수 원장을 인터뷰하며,
어린이조선일보 1면에 취재 보도 하였다.
청담초등학교 4학년 재학시절 '물방이의 모험'이라는 과학책을 출간하였고, 그 이후 두 번째인 인류의 미래를 예견한 책을 완성하였다.

추천사

손 병 두 (전 KBS 이사장
삼성경제연구소 상임고문)

　중학교 3학년 학생이 인류의 미래에 대한 책을 썼다. 서울청담초등학교 학생이던 서정현 군이다. 어린이 조선일보 명예기자로 나와 인터뷰해서 신문 1면 전체 기사가 실린 적이 있다. 인터뷰 당시 책을 쓰려고 하는데 쓰게 되면 추천사를 써 줄 수 있느냐고 해서 내가 그러겠다고 약속한 바가 있다. 그때 약속에 따라 서군의 책에 추천사를 쓴다.

　서군의 아버지는 독실한 가톨릭 신자로 가톨릭 언론인 아카데미에서 나와 만나 지금까지 친교를 이어오고 있는 사이다. 가톨릭 교리에 충실하게 산아제한을 하지 않고 4명의 자녀를 두었다. 그리고 행복한 가정 분위기 속에서 자녀들을 잘 키우고 있다. 특히 장남인 서정현 군은 특별한 학생이다. 나와 인터뷰 할 때도 명석함을 보였지만 책을 읽는 동안 나는 놀람과 그의 해박한 지식에 감탄을 금할 수 없었다. 이제 중학교 3학년 밖에 안 된 학생이 우리 인류가 현재 안고 있는 고민거리에 대해 사유하고 나름의 해법을 제시하고 있으니 말이다.

CNN, FOX TV, BBC, NHK 등의 외국 방송을 자유롭게 보고 듣는가 하면, 외국 서적도 척척 읽고, 각종 영화를 다 보았으며, 산업혁명에서부터 최근 4차산업 혁명인 AI시대까지 기술의 변천사를 꿰뚫고 미래를 바라보려고 하고 있으니 가히 천재라고 해야겠다.

서군이 인간의 종말에 대해서, 특히 우리나라 출산율 저하에 대해서 바라본 관점은 그동안 우리가 여러 가지 저출산 대책에서 간과했던 매스 미디어의 영향에 대해 주목한 것은 놀라운 관찰이라고 하겠다.

 그동안 출산율을 높이기 위해 엄청난 자금을 들였지만 개선되기보다 오히려 급격히 저하되고 있다. 돈이 들지 않고도 반드시 해야 할 일을 서군이 지적하고 있다. 우리 언론이 저출산을 걱정하면서도 그들이 해온 일들은 오히려 엄청난 사회적 죄악을 저지르고 있다고 해도 과언이 아닐 것이다. 예컨대 드라마나 각종 프로그램들이나 기사들이 미혼, 이혼을 부추기고 심지어 동성애 부부까지 미화하기도 한다. 이름다운 가정에 대한 이야기나 결혼에 대한 좋은 이미지들은 찾아보기 힘들다. 은연중에 결혼과 가정에 대한 올바른 가

치관을 마비시키고 가정 붕괴를 당연시 여기게 사회 분위기를 만들고 있다. 이제 우리 언론들은 통절한 반성과 함께 이의 개선을 위해 힘을 합쳐야 할 때라고 생각한다.

서군은 질병, 핵문제, 인공지능, 외계인, 우주 식민지, 인류의 종말 등 다양한 주제에 대해 중학교 3학년 학생의 글이라고 보기에는 믿기지 않을 정도로 전문적 지식과 정보를 통해서 그의 견해들을 밝히고 있다. 독자들은 이 책을 읽으며 중학교 3학년 학생이 이런 정도의 책을 쓸 수 있을 만큼 우리 후세대들이 엄청난 실력으로 자라고 있다는 것에 자부심을 느낄 수 있을 것이다. 대단한 실력이다. 어린 학생들에게는 자극이 될 것이고, 어른들에게도 깊은 성찰의 기회가 되리라고 믿는다. 일독을 권한다.

머리말

세계 군사대국 스푸트니크1호를 발사하며 스타워즈와 같은 우주전쟁을 진행한 러시아와 우크라이나의 전쟁은 우리 한반도를 강타하며 전 세계를 전쟁공포로 휘몰아치고 있다.

하마스 이스라엘 전쟁은 언제 끝날지 모르는 3차대전과 같은 전쟁이며, 북한은 오늘도 우리를 향해 미사일을 쏘고 있다.

나이가 어리다면 어린 나와 같은 어린이청소년도 이런 세상의 이변에 대해 논한다는 게 나이 많은 학자나 전문가들이 보기에
우스울 수도 있는 일일수도 있으나, 여기에서 중학생의 시점에서 용기를 내어 기록을 남겨볼 셈이다.

M세대도 아닌 Z세대도 아닌 2009년도 출생

자인 새로운 세대의 관점이 이 세상에 언어로 표현된 기록이 있다면 이 또한 의미가 있지 아닐까 싶다.

나의 부모는 X세대라고 한다. 현재 X세대의 감성을 울리는 영화도 리메이크 되었다는데, 나 또한 이 레트로 감성에 대해 이해해보려 노력중이다. 특히 서태지라는 가수를 숭배(싱어송 라이터이며 천재라 한다)하는 나의 아버지는 서태지 씨의 노래를 들으며 학창시절(학교폭력)과 군 생활(해병대 연평부대)을 버틸 수 있었다 하니(Take 1)위대한 가수는 틀림없어 보인다.

부모가 있어서 내가 있기에 부모의 영향이 나에게 없다고 말할 순 없지만,

그 옛날의 토마스멜서스라는 영국의 경제학자는 끊임없이 아버지와 인류의 미래에 대해 토론하며, 인류의 미래를 예측하는 시뮬레이

션을 검토를 하며 공부를 했다 한다.

나는 여기에서 영감을 얻었다. 그 당시 인구론에서 말하는 인구폭발에 대해 걱정하며 산아제한을 걱정했지만,
지금 현재 의학의 발달로 또한 자유시장경제 원리의 인간적 대입으로

인간들은 스스로 산아제한 하는 방법을 고안 (낙태도 이 범주에 포함될 것이다)해냈고,
결국 대한민국은 전 세계 최저의 출산율로 미래가 암울한 현실이다.

CNN이나 폭스TV, BBC를 보면 전 세계적 재앙과 전쟁관련 뉴스가 쏟아져 나오고 있다.
(북미 지역과 유럽의 시각에서 전 세계의 뉴스를 접할 수 있기에 주로 보는 편이다. 나의 사고가 편협하지 않기 위해 특히 유럽의 시각에서 세계를 바라보는 시각을 익히기 위해서 말이다.ー국내 방송국의 어디를 보나 예

-KBS- 뉴스편집자의 각자의 시각에 의해 편집된 월드뉴스만을 보게 된다. 이는 부모님께서 말씀하신 과거 뉴스검열이나 영화 삭제-터미네이터2의 개봉이 30분 넘게 삭제된 부분을 아버지가 설명해 주신 적이 있다)

이를 한국의 경제정치현상과 대입하며 지켜보자면 암울하기 그지없다.

다만 굿뉴스가 나오며 여러 뉴스를 선별해 본다면

보다 예측 가능한 미래를 정확하게 쉽게 말해 인류의 미래를 근접가능한 수준의 예측할 수 있지 않을까 하는 목표로
이 글을 써나가고 있다.

여러 견해와 여러 의견이 나와야 자유민주주의 시장경제의 발전은 도모해 질 것이다.

이런 의미로 기록을 남겨본다.

(시력이 나빠도 좋아도, 나이가 많아도 어려도 누구나 함께 볼 수 있도록 큰 글자 도서로 제작하였다.)

2024년 5월

서정현

목차

나의 사랑하는

아버지 , 어머니께

그리고 정의,정우,정수 형제들에게

1. 질병을 무기로 한 전쟁

집에서 CNN. BBC. 폭스 뉴스를 채널을 돌려서 가끔 보고 있다.

전쟁뉴스는 위 3개의 방송국에서 계속 나오는 단골 소재이다.

특히 우크라이나 러시아 전쟁 말이다.
이 전쟁은 언제 끝날지 모르는 그야말로 현재 진행형이다. 북한의 무기가 러시아로 흘러들어갔다고 하니 더욱 유심히 보게 된다.

이스라엘을 공격한 하마스의 전쟁도 계속 뉴스를 장식하고 있다.

언론에서는 러시아 핵을 이용한 핵전쟁도 예고된다며 대중을 공포로 몰아넣고 있다.

지난해까지 전 세계를 흑사병시절로 되돌린

중국우한에서 발현되었다고 알고 있는 covid-19는 거의 전쟁수준의 전염병이다.

여기서 생각해 볼 문제가 이 전염병을 매개로한 무기화를 염려해야할 시기이다.

우리나라만 해도, 대륙간 탄도미사일ICBM을 엊그제 북한의 지휘부가 동해상 태평양쪽으로 발사하며 무력시위를 하고 있다.

사실 우리나라보다 더 공포스러운 전쟁위기의 국가가 어디 있는가?

망각의 인간성이라고 이걸 모두 잊고 산다.

이 우한의 전염병을 앰플로한 전쟁무기가 적국에 떨어졌다고 생각해 보자. 또는 훈련된 동물(개. 살쾡이, 족제비 등등)을 이용한, 국가 간 국경을 넘는 전염병 퍼뜨리기 전쟁작전에 휘말렸다고 생각해보자.

우리는 코로나로 인해 엄청난 경제적 손실을 전 세계로 겪으며 말 그대로 초토화된 그런 상황이다.

이런 전염병을 적국에서 무기화 한다면, 드론을 이용한다든지, 동물을 훈련하여 퍼뜨린다던지
국경을 넘어서 전염병을 퍼뜨리는 건 일도 아닐 것이다.

면역이라는 것은 한번 그 병에 걸리고 나서 그 병에 대한 항체가 생성되어야 치료제도 나오는 것으로 알고 있다.

그런데 이런 듣도 보지도 못한 코로나 같은 전염병이 ICBM을 로켓을 타고 온다던가, 국경을 넘는 훈련된 동물을 매개로 전파된다던가,

드론 같은 비행로봇을 통해 전파된다면 이는 어떻게 되겠는가?

국방과 의학의 융합을 통해, 이런 적의 공격에 적절히 대비를 하는 태세완비가 준비되어야 한다.

미래 전쟁은 전염병 전쟁이 될 수도 있다. 수많은 영화나 과학자들이 예견하고 있지 아니한가?

100가지 대비를 하여 1가지 적을 막을 수 있다면 해야 한다.

2. 질병치료의 미래(암 정복 등)

질병이란 무엇인가?
내가 가끔 걸리는 감기몸살. 동생이 걸리는 코감기. 어머니께서 아프시다는 두통 여러 가지가 있을 것이다.

나는 초등6학년 때 복통이 와서 응급실에 아버지와 간적이 있다. 서울 최고의 병원이라는 서초구의 대학병원에 갔지만, 그날따라 개원 기념일이라며 응급실도 오후에 휴진이 되어 버리는게 아닌가? 다행히 협력병원으로 엠블런스에 이송되어 응급수술(맹장)을 받고 살아난 기억이 있다.

이런 수술은 그리 어려운 질병이나 수술이 아닌 것으로 알고 있다.

최근에 어머니께서 대장암이 의심되는 수술을 하시러 강남세브란스병원 소화기내과에 입원하셨다. 용종이라는 혹이 5센티미터가 넘어 거의 암확진까지 갔었으나, 다행으로 선종이라는 암전단계의 혹이라고 해서 떼어 내셨다고 들었다.

요즘 들어 암환자가 급격히 증가한다고 한다.

암환자가 20~30년 전만해도 그리 많은 통계에 잡히는 그런 류가 아니었다.

요즘은 무조건 모두 암환자가 100%라고 한다. 그야말로, 암과의 전쟁인 셈이다.

가장 고치기 힘든 불치병이 암이라고 한다. 이는 질병에 관한 것이고, 우리가 아는 상해나 사고로 인한 팔의 절단, 다리의 절단, 신체조직의 절단이나 괴사로 인해 장기를 교체해야 하는 경우가 많아지고 있다.

예를 들어 암 이라는 병은 현대 의학에서 어마어마한 과학의 진보로 인해 거의 정복단계라고 언론에서 접했다.

우리 과학이 진보할수록 이 암 정복의 가능성은 커지고 있고, 이에 대해 더욱 발전하면 아마 2050년경에는 암이라는 질병은 고칠 수 있는 일상질병이 되지 않을까 조심히 예견해

본다.

현재 장애인이라는 단어로 전쟁부상을 당한 참전군인, 기계를 만지고 조작하는 노동자의 사고로 인한 부상 등으로 인한 팔, 다리의 절제나 신체의 일부 손실로 인한 의족, 의수의 발달 등으로 이 부분 또한

최근에 본 1977년도의 영화 스타워즈의 루크 스카이워커의 팔을 베어버린 다스베이더의 행위가 생긴다면, 1977년도 영화에서 미래를 바라본, 팔목이하 손의 의수가 거의 현재 흡사하게
팔을 잃은 절단장애인에게 의수 뿐 아니라 죽은 사람의 팔을 이식하는 지경에까지 이르렀다.

사고사로 죽은 이의 팔을 잘라내어, 살아있는 사람의 팔로 이식하여 거의 부작용 없이 잘 살고 있다는 뉴스를 최근에 본적이 있다.

2050년경에는 더욱 발전하여, 1977년도의 스타워즈 루크스카이워커 급의 팔이 진정 개발될 것이라 추측해 본다.

3.인공장기의 시장형성 및 이의 거래

현재 인공장기에 대한 연구가 활발하며, 돼지의 간이나 콩팥 등등을 이식하는 사례가 뉴스로도 나오는 것을 보니. 생명과학 분야 및 의학에서 이 부분도 문제해결을 잘 하리라 생각된다.

신장내과 분야의 환자가 급증하고 있다고 한다. 소위 콩팥이 망가져서 투석을 하는 환자가 급증한다는 것이다.

콩팥은 2개가 있어서, 여기서 1개가 망가져도 1개로 생존가능하다. 현재 타인의 신체 즉 신장하나를 이식받을려면 어마어마한 절차를 거쳐야 한다고 한다.

인간 신체의 매매 시장은 불법이며 이를 국가에서 불허하고 있다. 이는 윤리적 문제뿐 아니라 빈부에 의한 장기 매매가 과연 정의에 맞는 것인지의 문제도 수반된다.

인공장기의 개발로 완벽히 이를 대체하는 수준까지 빛의 속도로 의학이 발전한다면 2050년에는 충분히 가능하리라 본다.

4.인간 수명연장의 미래(125살 살기 프로젝트)

인간의 수명은 125살까지 설계되었다고 한다.

피부조직의 세포도 125세까지만 분화되도록, 되었다고 하니 이를 살펴보자.

프랑스의 장 칼방이라는 여성은 122살까지

살았으며(1997년 사망) 100살까지 자전거를 타고 죽기 직전까지 담배를 2개비(하루)피웠다고 한다.

세계 어느 기록을 보아도 125세를 넘겼다는 기록은 찾아볼 수 없다.

통계를 보면 125세가 정점이라 하고 한국에서 가장 오래산이도 114세까지 살았다 하는데, 이 노년의 수명연장의 여러 통계를 보면 소식을 하고 즐겁게 웃으며 긍정적으로 산다는 공통점이 있다.

특별한 직업을 유지하진 않았고, 농어촌에서 조용히 살며, 적게 먹고 웃으며 하루하루 긍정적으로 산다는 정도이다.

헌데 사람마나 유전자마다 병에 걸리는 빈도 및 여러 요인에 반응하는 게 제각각이다.

나이가 50세에 죽는 사람이 있으며, 나이가 90이 넘어도 건강한 사람이 있다.

나의 조부 조차 연세가 곧 90이다. 헌데 나의 아버지 보다 피로감을 안 느끼시고, 청년 같이 눈빛도 또렷하고 그러하다.

시골에서 농사를 자그맣게 짓고, 조용히 사시는 분이다.

특별히 스트레스 받으실 일도 없어 보이며, 앞으로도 건강히 사실 것으로 생각된다.
술과 담배는 일체 하지 않으시며 고기도 잘 안 드신다.
감자와 현미를 주로 드신다.

물론 이는 내가 잘 배우고 해야 할 부분이다.
내 유전자의 절반이 부계에서 왔으니 말이다.

나의 모친이 최근 세브란스병원에서 큰 수술

을 했는데, 나이가 30대 후반이다. 30대의 나이면 질병이 생길일이 없는 나이인데도 현대 식습관에 의해(가공된 음식과 밀가루 음식 등등)문제가 생기니 아프다는 것은 유전대로 나도 조심해야 할 문제이다.

현대의 생활과 노화의 예방과 장수는 개인의 노력여하에 달려있다.

안과,내과 등등 각과별로 지정된 병원에 가서 피검사부터 해서 정기적 검사를 통해 수명을 늘릴 수 있는 환경이 조성되었다.

부자와 가난한자의 차이로 수명의 차이는 현격하다.

부가 있는자는 매 정기 검진을 사비로 라도 대학병원에 가서 하고, 가난한 공사장 노동자의 경우, 하루 벌어 하루 먹고 살기가 바쁘니, 암같은 질병이 발병하여도 적정시기에 병원 갈 시간이 없다. 아니 갈 여유도 없다.

그리하여 국가에서는 국민건강보험공단이라는 곳에서 건강검진을 받으라고 우편이 날아오지만, 이를 잘 지키는 여유가 있는 계층(계급이란 단어가 어울릴 수도 있겠다는 생각도 해봤다.)만이 병원에 간다.

국가에서 우리나라나 캐나다 같은 의료선진 국처럼 국민의 건강을 선제적으로 챙기는 경우가 있는 반면, 미국 같은 선진국에서는 상해사고나 질병이 있을 경우, 어마어마한 질병 치료비를 사비로 지출해야 한다. 나머지는 각자도생인 것이다.

또한 아프리카나 시리아 같은 내전이 있는 국가에서는 병원이란 곳이 있는지 조차 월드 뉴스를 봐도 의문인 것이, 의료복지가 잘 되어 있는 한국에서 태어난 것이 큰 행운으로 느껴지는 상황이다. (나 조차 신생아중환자실에 들어갔다가 살아나왔다고 한다.)

다국적공룡제약회사의 불노장생이 된다는 약이 개발되었다고 해도, 국가 간 빈 부간 차이로 현격히 수명에 차이가 나는 현실에서 유전자 가위조작같은 기술이 보편적 기술이 되었을 때,

전 인류가 동시에 125세까지 살 수 있지 않을까 생각된다.

상해 사고로 절단된 팔, 다리나 척수의 장애로 휠체어를 타고 다니는 사람이 로봇 팔이나, 다리를 장착했다거나, 돼지나 다른 동물의 장기를 이용하여 이식을 했다는 월드뉴스가 심심찮게 볼 수 있다.

우리의 유전자 조작이나 배양을 통한 생명과학 기술이 급진전되고 있는 것이다.

생명연장의 비밀은 여러 문제(식생활, 거주환경, 대기환경 등등)를 수반한 복합적인 문제

가 해결되어야 가능한 부분이겠으나,

이에 대한 해결책은 눈앞에 와 있다. 좀 더 건강한 삶을 추구하여 이 혜택을 누리는 현인이 되어보자.

5. 결혼의 미래 가정구조의 미래

결혼이란 무엇인가?

국어사전에는
"남녀가 정식으로 부부관계를 맺음"이라고 나와 있다.

최근에 결혼 말고 동거, 돌싱포맨, 결혼작사 이혼작곡, 돌싱글즈 등등의 우리의 부모세대가 경험해본적이 극히 드문(부모의 말을 종합하면) 새로운 가족관계가 형성되는 듯하다. 남자는 돈이 없어서 결혼을 못하고, 여자는 남자친구가 돈이 없어 결혼을 못한다는 웃을

수도 울 수도 없는 이유들이 난무하는 현실
에서

과연 2010년도 언저리에 태어난 우리들은 향
후 결혼관을 어떻게 적립할지 혼란스러운 게
사실이다.

우리의 미래를 알려면 OECD(Organization
for   Economic   Co-operation   and
Development) 선진국의 미래를 보면 알 수
있지 않을까 보니,(여러 영화, 여러 뉴스를
종합해 보면) 미국에서의 성공한 스타들(헐리
웃에서 수천 만 달러 정도의 수입을 올리는
스타기준)의 유년시절이 참 암울했다는 통계
가 있다.

레오나르도 디카프리오라든지 나홀로 집에
매컬리컬킨 이라든지 하다못해 미국에서 2연
임을 한 오바마 대통령까지 부모의 이혼으로
편부모에게서 자랐다. 라는 사실을 알 수 있

다.

한국은 그나마 가부장적인 유교적 사고방식의 나라여서 부모가 이혼을 하더라도 이를 드러내거나 하는 오픈된 이혼관이 아니었으나,

최근 들어 유독 이혼한 여성, 이혼한 남성, 재결합하는 남자.여자. 비결혼후 동거하는 커플의 예능방송이 대세를 이루고 있다. (더 나아가 동성커플을 소재로 한 방송도 등장한다)

무엇이 잘 되었고, 무엇이 잘못되었는지 판단하자고 하는 게 아니다. 모든 이들이 본인의 경험과 환경 속에서 세상을 판단하기 때문 아닐까?

유튜브 현자의 방송을 최근에 본적이 있는데, 현재 이런 이혼,동거,싱글 이런 방송의 근원이 주시청자층의 요구에 기인한 결과라 한다.

슈퍼맨이 돌아왔다. 아빠 어디가?라는 프로그램이 내 기억 속에 있다. 헌데 이런 프로는 앞으로 나올 일이 없다고 한다. 왜?
주시청자층이 이런 방송을 외면하고 안본다고 한다.
(비혼 가구로 추정)

결혼을 하여 아이를 낳고 행복한 삶은 반드시 존재한다.
헌데 방송에서는 이를 볼 수가 없다.

사람의 뇌구조가 외부요인의 영향을 엄청나게 받는 것이며, 주위 환경의 영향은 말 할 것도 없다.

방송언론에서 결혼이후 소소한 행복, 아이와 교감하는 행복을 다루지 않고, 동물과 함께하는 삶. 이혼하는 일의 보편성, 혼자사는 재미 이런류의 방송편성을 하며,

7개의 (지상파3사, 종편4사) 방송국에서 하루 종일 보도하고 있다.

집에서 TV는 부모님과 뉴스정도를 보는데, CNN,BBC,NHK를 섞어서 본다. 월드뉴스 어디를 봐도 한국의 방송과 비교될 정도로 차이점이 많다.

NHK 2023년 2월12일 낮 뉴스를 보니, 날씨를 보도하는 기상캐스터가 머리가 하나도 없는 둥근 해와 같은 대머리를 장착한 60대 이상으로 보이는 남자 기생캐스터가 출연하여 노란색 스펀지 공을 단 작대기를 들고날씨 설명을 하고 있다.

말썽을 부리는 아이의 관찰예능이 대세인 현재 인데, 전문가인 박사가 이를 진단하고 처방하는 방송이다. 그 방송을 보자마자 무슨생각이 들까?

아이를 낳으면 저런 지옥이 펼쳐지겠구나...
나는 아이 절대 안 낳아...

이런 생각이 들지 않을까?

아동학대로 사망했다는 뉴스는 끊이지 않고
나온다. 이런 뉴스를 접하는 결혼을 앞둔 세
대는 무슨생각을 할까?

한국 합계출산율 0.6명 일본 1.26명 프랑스
1.8명

통계에서 보듯, 한국은 인구소멸로 치닫고 있
다.

향후 가정구조는 어떻게 되어 있을까?

6. 1인 가구의 폭증

노인인구 중 1인 가구가 급증하고 있다고 한다.
청년층도 마찬가지 이다.
중년층도 마찬가지 이다.

남자나 여자나 40세가 넘어가면 서로 싫어하고 서로 결혼할 생각이 없어진다 한다.

가임기 여성의 임신 확률은 만35세 이후에 급격히 떨어진다 한다. 그래서 35세 이전에 결혼하려 남. 여가 서두른다 하는데, 집장만 하고, 좋은 직장에 취업하고 이게 가능한 사람이 몇이나 있을까 싶다.

혼자 살고 동물 키우고(아이 키우면 지옥이 펼쳐지니-모방송) 외로움 달래며 시간은 흘러가고 이런 삶을 살다가 50이 넘어선다.

혼자인 삶

이게 합당한 삶일까?

헌데 한국에서 기하급수적으로 1인가구가 늘어가고 있다고 한다. 1인 가구는 인구소멸이며, 그 자체로 인류의 종말이라고 본다.

외부 요인에 의한 의도적 1인가구가 아닌, 스스로 나 혼자 살 거야라면서 1인 가구를 선택하는 기저에
결혼하면 다투고 이혼하고 결국엔 아이까지 책임지지 못한다는 실패한 삶이 깔려있는거 아닌가 싶다.

주위의 내 나이또래의 20.30대들이 모두 결혼 안하고 있으니, 그 트렌드로 나도 혼자 있다가 좋은 때가 되면 해야지 하다가 40대가 되고, 금방 50대가 되어 버린다. 남,여 모두 말이다.

이는 5000만 인구의 한국에 전쟁수준의 재앙

으로 다가 오고 있다.

현재 국민연금의 재원이 고갈되었다고 나오지 않는가?

현재 국가정책은 1인 가구 지원정책. 1인 가구 돌봄 정책으로 선회하고 있는 듯하다. 이게 1인가구 장려정책인지 분간이 안되는 건 내 수준이 낮아서 그런 건가?

1인 가구의 미래는 파멸이고 끝이다.
장려할 사항도 아니고, 극복할 대상이라 본다. 물론 노인이 되어 사별이나 이혼을 겪거나 해서 어쩔 수 없이 1인 가구가 된 저소득층 60대 이상은 국가에서 보호를 해줘야할 대상이나, 다른 이유나 60대 이하의 나이의 1인 가구는 다른 정책이 나와야 할 것으로 본다.

7. 저출산으로 이루어진 미래 - 소멸된 인구

/살아남는 인구

저출산이란 무엇인가? 아이를 낳지 않는 사회인 것이다. 합계출산율이 2.1명 이하를 말하고, 초저출산은 1.3명 이하를 말한다고 한다.

아이를 낳지 않는 여러 요인이 있을 것이다.

내가 바라보는 관점은 환경의 영향이다.

예를 들어 내 친구들 중에 아무도 결혼할 생각이 없는 사람들로 구성되었다면 나 또한 그 영향으로 "나도 결혼할 필요가 있을까? 친구들과 놀면 되는데"라는 생각과,

이성에 대한 법률적 범죄행위에 대한 두려움으로 초식남이 되어 갈 것으로 생각한다.(성범죄에 대한 무고죄 등등)

결혼을 한 부부도 딩크족이라는 아이를 낳지 않는 부부도 있다.

저출산을 해결키 위해서는 선진국의 저출산 해결 방법을 연구할 기관을 만들던지 유사기관이 있다면 모두 해체해서 저출산만 집중적으로 다룰 대통령 직속기구가 출연해야 한다고 본다.
오직 저출산 이 문제만 해결할 기구 말이다. 저출산+ 다른 문제 이런 거 말고 말이다. 그 순간 저출산은 희석되어 버린다.

"저출산대책위원회" 이런 조직을 만들어 입법,사법,행정부에서 총력을 다해 협업을 해야 할 시기 아닌가?

프랑스 통계청(INSEE) 발표를 보면 2022년 합계출산율 1.83명이라고 한다.

이를 분석한 결과, 2자녀 이상 가족수당, 가

족1인당 줄어드는 획기적인 세금제도, 육아휴직의 남.녀 공히 모두 사용할수 있는 사회적 분위기와 장려제도, 사회보험 등이 있다고 한다.

2050년에 한국의 인구는 절반인 2500만명으로 줄어들 수도 있다는 통계가 나와 있다.

이건 전쟁보다 더한 재앙수준이라고 본다.

소멸의 길을 걷고 있는 인구를 현재 어떻게든 과거 20년 전 수준으로 돌려야 한다.

국민연금을 내가 받을 수 있을까?(2009년생) 받을 수 없다고 통계가 나와 있다. 연금고갈이라 한다. 또한 내 또래 뿐 아니라 현재의 30대는 아이 낳을 생각조차 없다고 한다(50%의 설문자).
인류소멸은 인구가 많아 산아제한까지 했다는 중국을 보면 알 수 있다. 중국은 1명으로

강력한 산아제한을 한 국가이다. 헌데,

중국조차 저출산이 심해져 이 모든 정책을 폐기했다고 하지 않는가?

저출산의 미래는 로봇이 대신 할 수도 있다. 건설노동, 청소노동등 힘든 일은 로봇이 할 수 있게끔 대체되고 있지만,

의학의 발달로 스스로 산아제한을 하는 (강력한 피임 방법등)인류는 스스로 소멸의 길로 접어 들고 있다. 이의 탁월한 해결방법이 무엇일까 ?

프랑스 같은 방법도 급격하게 도입할 필요가 있어 보인다.

8. 스스로 멸종에 이르는 인간

멸종의 기원은 어디 일까?

공룡은 멸종되었다. 어찌 이리 되었나?

화산폭발, 행성충돌 여러 설이 있다.

헌데 인간은 이런 일 없이 스스로 멸종의 길을 걷고 있다. 왜 이럴까?

단순 삶이 현재 생활수준을 영위할수 없는 지경에 다다랐다고 해야 하나?

월급을 받아 본인 몸 건사하기도 힘든 상황인가? 라는 의문이 든다.

예전 일본의 마루타 실험에서 아이를 안고 있는 모친이 발바닥이 뜨거워져서 펄펄끓어버리는 경우를 실험한 경우가 있다고 한다. 이 경우 처음에는 아이를 어떻게든 살리려고 안고 있다가, 결국엔 본인의 뜨거움을 참지 못하고 아이를 두발로 짓밟아 그 위에 올라

서서 아이는 죽음에 이르고 모친은 그 상황으로 죽음을 면했다 이런 경우의 실험이 있었다.

이의 시사 하는 바는 무엇인가?

본인의 몸 건사하기도 힘든 상황이 오면 자녀나 종족 번식은 그만두는 그런 상황인가?

헌데 이런 극단적 마루타 실험의 경우는 전쟁이나 더 처참한 그런 상황 아니겠는가 ? 라는 의문도 든다.

현재의 시류는 집단적 환각, 집단적 착각? 여러 요인의 방송7사가 합세한 결혼이후의 삶은 지옥? 이런 걸로 세뇌된 우리의 결말아닌가?

아이를 낳고 키우며 행복을 느끼는 그런 감정이나 상황은 현재 그 누구도 말하지 않고

금기시 된 것인가?

예를 들어 우리 가정을 보면 나포함 아이가 넷이며, 부모님은 그야말로 열심히 가정경제를 위해 살고 계시다. 헌데 부모님은 힘드네 어쩌네 이런 말을 하시는걸 들어본 적이 없다.

항상 아침에 굿모닝 인사를 나누고 동생들과 나는 학교로 향하고 아버지는 일터로 향하고 어머니는 우리를 케어해 주신다.

모든 현상에 불만이 없으면 그게 이상한 상황이겠지만,

서울 하늘 아래 강남3구라 일컫는 장소에서 아이 넷을 키우는 우리 부모는 불지옥을 걷고 있는 돌연변이란 말인가?

부모에게 불만이 있습니까? 아이가 많아 힘

듭니까? 물어본 적이 있다.

왜냐면 미디어에서 나오는 결혼지옥이니. 이혼이니 별의별 영향이 나에게까지 미치고 있으니 말이다.

어머니는 항상 웃음이 넘치는 분이나 단호할 때는 단호하신 분이다. 규칙을 철저히 지켜야 하며, 특히 형제간의 사랑과 배려는 선을 넘으면 안 된다.

나도 책과 미디어, 여러 정보를 접하며 특히 신문사에서 기사를 가끔 쓰는 명예기자 입장에서 세상을 보면

나와 우리 가정, 그리고 명예기자들의 세상, 그리고 신도시로 일컫는 우리 동네의 또래들의 삶을 보면 우울하거나 슬프고
힘들고 하는 세상이 딴 세상 얘기처럼 느껴질 때가 있다.

집 앞으로 외곽순환도로라는 왕복 10차선 도로가 통과한다.

소음방지를 위해 벽체가 세워져 있다. 그 사이 유리벽으로 지나다니는 차량이 보인다.장장 높이가 작게 봐도 30미터 가까이 되는 것으로 추정된다.

(그보다 높을 수 있다. 거의 투명한 유리 같은 소재로 되어 있다)

강동구 쪽으로 가보면(아버지의 차를 타고 움직이다 보면)

도로의 차량소음을 막아줄 방음벽(철제 휀스)이 없는 곳도 있고, 30~40년이 지나 보이는 유리처럼 투명한 곳도 없는 황량한 휀스가 쳐져 있는 곳이 있다.

다시 우리 집 앞 아파트 단지 앞의 방음벽은 유리처럼 맑은 투명한 소재로 되어 있어 차량이동이 잘 보인다.

나는 가끔 집 앞에서 축구공을 가지고 아파트 앞 단지 공공 족구장 같이 생긴 곳에 가서 축구를 하곤 하는데, 이곳에서 들리는 소음은 종달새, 참새 지줘기는 소리 외에는 없다.

하루에 차량이 10차선도로로 끊임없이 가끔 막히도록 매일 쉬지 않고 달리는 방음벽 밖 세상은 어떤 곳일지 상상도 할 수 없도록

<u>고요</u> 하고 또 <u>고요</u>하다.

단지 우리 집 앞에서부터 위례신도시 끝나는 곳까지만 그러하다.

잠실 쪽으로 넘어가는 굴다리를 건너서 송파구 쪽으로 넘어가보면 차량 소음은 그야말로 엄청나게 느껴질 정도다.

현재의 저출산, 1인가구 출연. 스스로 멸종에 이르는 인간이

이런 구도가 아닌가 싶다.

화성에서, 고요히 식민지를 이루고 사는 미래의 우리의 삶에서, 환경. 전쟁으로 파괴된 지구를 바라보는 삶 말이다.

나는 고요한 화성의 유리벽 식민지에서 저 건너편 파괴된 지구를 바라보는 느낌...그야말로 그 느낌인 듯 한 삶 말이다.

이쪽의 신도시 분위기는 (송파.성남.하남이 합쳐진 위례) 휴먼링이라는 자전거길이 있다. 주말에 부모님과 동생들 도합 6대의 자전거가-(여기서 아버지 자전거는 따릉이라는 공공자전거)가 위례를 한 바퀴 돈다. 우리는 안전한 자전거길 을 돌며 안전하게 자전거를 만끽한다.

잠실까지 아버지와 자전거를 타고 간 일 있는데, 군데군데, 도로가 페이고, 사람들은 비켜주지도 않고 위험한 적이 한두 번이 아니었다. 결국 자전거 사고를 나는 겪고, 팔목이 다치고 자전거는 파손되어, 잠실 자전거 공공 수리센터를 거쳐 왕창 고친 적이 있다.

세상은 이런 것 아닌가?

지금 현재의 세상 말이다.

아프리카, 팔레스타인,시리아 등에서는 내전으로 전쟁으로 모두 죽어나가는 상황이다. 헌데 대한민국 서울의 남쪽에서는 다이어트를 못해 만성 성인병에 시달리고 있다.

이 소우주인 지구에서는 외곽순환도로의 투명한 방음벽이 존재한다고 본다.

국가별, 국가의 도시별로 말이다.

우리는 미디어의 영향을 어마어마하게 받는다. 각 집마다 TV가 존재하지 않는가? 물론 요즘 나 같은 MZ세대 이후 세대는 유튜브등의 뉴미디어를 보며 정보를 취사선택하지만, BBC.CNN,NHK등 각 국가의 국영방송이 존재하듯, 이와 유사한 방송사의 영향력은 앞으로도 엄청날 것이다.

미디어의 방송주제가 좀 더 아이 낳는 분위기로 가는 방향이 강력히 추진되어야 이의 해결이 되지 않을까?

오늘도 방송을 보며, 아...이 세상은 아이 낳기 참 힘들어. 아이 낳으면 그 아이가 문제를 일으켜.. 모르겠어, 난 아예 시도조차 말아야지 라는 결론적 다짐을 우리는 바꿔줄 필요가 있다.

대중의 선동은 미디어에 기인하며, 그 결과는 치명적이다.
그래서 정치인들은 미디어 조작 등을 통한 본인들의 집권을 꿈꾸지 않는가?

이제 모두 소멸에 이르는 이런 아이없는 세상을 아이 낳으면 행복이 생기는 새로운 주제로 바꿔야 할 시기라고 본다.

동물의 수명은 그리 길지 않다. 반려동물에 매료된 사람의 사랑은 10년언저리이다. 그 후 동물은 사망한다.

사람의 수명은 현재 100세를 내다보고 있다.

자손을 남기는 것 자체가 애국임을 다 알고 있고 본인의 노후에 말벗을 남길 가족은 직계가족일 텐데,이를 너무 간과하고 있는거 아닌가?

내 이성과 사상은 부모에게 기인하는데, 미디어를 보면 나조차도 어떤 생각과 행동으로 바뀔지 걱정된다.

9.치명적인 무기개발로 인한 전쟁의 말로

전쟁의 양상은 요즘처럼 뜨거운 적이 있을까 싶다.

내 생전(2009년생 이지만) 전쟁을 직접 보고 겪어본 게 최근이다. 바로 러시아 우크라이나 전쟁. 그리고 하마스 - 이스라엘 전쟁현재 진행형 전쟁이다.

유심히 이 전쟁기사를 잘 보고 있다.

힘이 없는 국가는 결국엔 점령되고 식민지가 됨은 우리 한국의 과거에도 있었으니, 우리도 정신 바짝 차려야할 일다.

국력은 어디에서 나오는가? 잘 훈련된 군인이 우리를 지키고 있고 이 군인의 양적. 질적 수준이 전쟁의 승패를 좌우한다.

전쟁에서 승리하는 정신. 그 정신력이 가장 중요하기도 하다.

엊그제 북한의 열병식이라는 행사를 통해 화성17형이라는 대륙간탄도미사일ICBM이 10개가 넘게 녹화 방송되었다고

여러 신문방송을 통해 접할 수 있었다.

당장 사용은 안하더라도 방어용으로 만으로 보유할시 적국의 침략을 막을 수 있는 막강한 킬체인져라고 한다.

당장 미국본토 로스앤젤레스나 뉴욕을 타격할 수 있는 수준이라 하니. 가히 위협적이다.

우리 한국의 군사력은 어떠한가? 전 세계 5위 안에 든다는 상비군과 예비군 전력 및 우리나라도 미사일 거리제한이 없어졌다는 것과 ICBM급의 미사일을 우리도 보유하고 있다고 알고 있다.

현재 우크라이나는 서방국가의 군사적 지원으로 하이마스와 같은 강력한 무기로 러시아에 대응하고 있고,

이 전쟁이 2년이 넘어서며, 러시아 군의 사기가 크게 떨어졌다고 전해진다.

과거 625전쟁도 3년이 넘게 치러진 힘든 전쟁이었지만, 러시아-우크라이나 전쟁은 2년이 넘어간 상황과 첨단무기의 경연장이며,

특히 드론 등을 이용한 새로운 방식의 공격방법이 미디어로 전해지고 있다.

하마스 - 이스라엘 전쟁은 삼국지 시대의 수공(물로 공격)까지 하며, 하마스를 절멸시키겠다는 이스라엘의 의지가 BBC에 매일 나오고 있다.

최근 한국에서도 레이저 무기가 상용화되었다는 뉴스를 보았다. 드론 등을 격추하는 요격용이라는데, 곧 항공기까지 격추시킬 새로운 무기로 발전할 것으로 생각된다.

"평화를 원하거든 전쟁에 대비하라"
로마시대부터 경험에 의해 체득한 문장 아닌가

철저히 타국과의 전쟁에 대비해야 한다. 새로운 무기. 핵무기를 활용한 수많은 적국에 의해 한순간에 식민지가 되는 러.우크라이나만 봐도 바로 알 수 있다.

불덩이가 곧 떨어진다는 자세로 실전훈련을

해야 하며,
저출산으로 병력이 줄어드는 상황에서 신무기 개발과 남녀 평등한 이스라엘과 같은 국방대비대세를 갖추어야 할 시기가 다가오고 있다.

인구가 줄어드는데, 20대 남자 병사가 줄어드는 건 당연한 거 아닌가

핵무기를 쏘아대겠다는 북한도 서울에서 가깝게 있다.

우리는 이런 사실을 주지하며, 핵무기 한방에 끝나는 전쟁의 양상을 대비해야 할 것이다.

그 이전에 국지전에서 발생할 모든 상황에 대한 대비와

국산전력을 재점검하여, 레이더 등 감시망 등의 국산화에 앞장서, 타국 제품으로 한국을

감시당하는 불상사도 막아야 한다.(호주의 감시 장비 전체를 중국산에서 바꾼다는 뉴스)

특히 최근의 북한의 드론과 같은 무인기 침투에 대해 어떻게 감시하고 막아야 하는지(한국의 드론동호회에서 북한 금강산 쪽으로 무인기를 날려 모두 촬영한 사건도 있지만)

이를 어떤 식으로 막을지 막지 못한다면 파괴할지 연구팀을 꾸려야 할 시기이다.

10. **핵전쟁의 가능성과 핵전쟁이후의 세계**

핵전쟁이 눈앞에 와 있다고 생각하며 살아야 한다.

화성17형 열병식을 하는 북한이 그의 10세 정도 되어 보이는 자녀를 존경하는 자제님으로 격상하며 조선중앙방송에 출연하며 박수를 치는 장면을 우리는 어떻게 평가해야 할까?

핵전쟁은 과거 나가사키와 히로시마에 투하된 리틀보이,팻맨 핵폭탄의 과거를 보면 알수 있다.

두 방에 2차 세계대전은 끝났다.

헌데 이런 적국관계인 미. 일이 현재 동맹국이 되어 있다.

과거의 적이 현재의 혈맹인 것이다.

1991년 제임스카메론 감독의 터미네이터2라는 영화를 고화질로 부모님과 집에서 감상한적이 있다.

30년 전에 아버지가 종로 서울극장에서 내나이 또래(중학생)에 보았고, 그 당시 엄청난문화적 충격을 받았다 한다.

아버지의 인생영화라고 한다.

자 내 입장에서 이 영화를 보니, (근래에 아바타 2를 보았다-제임스카메론 감독)

그야말로 어마어마한 영화가 맞다.

핵전쟁과 함께 파괴된 지구. 이 파괴된 지구의 인간의 우두머리 카일. 존 코너 이 존 코너라는 존재를 과거에서부터 제거하기 위해 타임머신을 통해 과거로 킬링로봇을 보내

누가 먼저 존 코너를 지키느냐, 죽이느냐 ?

반전의 반전을 겪고, (간간히 건스앤로지스라는 가수 얘기를 부친은 하신다. 중고등학생 때 이 가수에 빠져 사셨다 한다ー 헌데 나 또한 토르 러브앤썬더 라는 2022년 작품에 빠져 있었으니 부전 자전 아닌가 ... 토르 러브

앤썬더는 건스앤로지스의 헌정작이란 평가를 받을 정도로 그 그룹의 음악이 가득 채워져 있다)

아놀드스워제네거 t-800이라는 구형 로봇과 t-1000이라는 액체 금속의 숨 막히는 싸움.

과거 터미터네이터 1편부터 5편까지 모두 섭렵하며 내가 보았지만, 터미네이터 2편은 작품 중의 작품이라 생각한다.

핵전쟁의 참상. 그 이후의 인간을 뛰어넘는 인공지능의 출연

이 인공지능이 인간과 전쟁을 일으키며 전쟁에서의 최후의 승자가 누가 되느냐는 흥미진진한 내용이다.

핵전쟁 이후의 삶이 로봇에 의해 지배되는 삶이 될 것인지.

로봇을 지배하는 인간이 로봇을 조종하는 세상이 될 것인지. 미래가 궁금하다. 미래를 예측하려면 어떻게 해야 할까?

과거의 헐리웃 영화나 해외 영화를 뒤져보는 것이 빠를 것이다.

현재는 자유로운 영상통화가 자연스럽지만, 1927년도 독일의 플리츠 랑 감독은 무려 100년 후를 내다보았다.
"메트로폴리스"라는 영화에서는 영상 통화하는 장면이 나온다. 공중전화박스 같은 곳에서 TV화면 같은 것을 보며 통화한다.
그런데 20년 전인 2006년에 skype를 통해 인류는 이를 실현한다.

애플의 아이패드를 예측한 영화가 있다.

1968년에 개봉된 "2001스페이스오디세이"라는 영화에서는 우주선 선장과 승무원이 식사를 하며 뉴스패드라는 전자기기를 보고 있는 장면이 나온다.

이의 실현이 바로 아이패드인 것이다.

이처럼 적국의 핵전쟁에 대비한 상황은 전쟁에 대비하라는 로마인의 말처럼 강대강 정책이겠으나, 평화를 유지하는 여러 방법을 강구해야 할 것이다.

물론 국지전에서 이에 대한 핵전쟁으로 발전할 가능성이 크므로 철저한 군사력을 갖추며 현재 우리나라는 방위하는 역할에 힘써야 할 것이다.
또한 핵전쟁이후는 이제 지구의 파괴가 될 것이다.
차르봄바와 같은 무지막지한 수소폭탄 한 발이면 전 인류가 멸망할 수 있을 테니 말이다.

11. chat gpt의 등장 이후의 AI(인공지능의 미래) 그리고 AI 전쟁

우리의 미래는 훨씬 가깝게 다가오고 있다는걸 최근에 피부로 느껴버린 하루하루이다.

바로

마이크로소프트사가 주식을 보유한 openai라는 회사의 새로운 대화형 인공지능 chat gpt의 등장이다.

2022년 11월 30일에 베타버젼 등장했으며, 이에 당황? 한 구글에서 인공지능 검색엔진 바드를 2023년 2월 8일에 출시후 알파벳 주가는 7% 떨어졌다고 한다.

현재(2023년 2월 12일 기준) 전 세계 가입자는 1억 명을 돌파했으며, 미국 내에서만 가입 가

능한 유료(월20달러)회원은
검색하는 사람이 몰리는 시간에 문제없이 검색가능 하도록 차별화 하고 있다.

자료수집. 독학. 코팅. 번역기. 계산기. 작문 등 현재 이 chat gpt가 수행할 수 없는 영역은 없으며, 심지어 대학 박사 논문이나 리포트까지 대필한다고 하니

가히 터미네이터를 탄생시킨 인공지능 회사가 출연한 게 아닌가 하는 착각이 들 정도로

전 세계가 들썩이고 있다.

3개월 후에는 더욱 강력한 인공지능을 출시한다고 공지를 했다고 하니,

두려움은 제쳐 두고 새롭게 펼쳐질 미래가 흥미진진해진다.

쉽게 말해 이런 책을 집필하는 나의 역할도 ai가 대신한다고 한다니 말이다.

인공지능이 책을 쓸 날이 - 보다 정교한 튜링테스트를 통과할 인간과 구분이 안될 정도의 - 곧 3개월 후에 올지 누가 알 것인가

최초로 인공지능을 언급한 앨런튜링의 미래가 지금 펼쳐지고 있다.

chat gpt의 등장으로 막강한 구글,마이크로스프트,야후 등 검색엔진의 전쟁을 ai전쟁이라 일컫는다. 현재 그러하다.

12. 인공지능 범죄현장 해결 또는 문제

아이작 아시모프의 단편소설을 영화화한 아이로봇(I, ROBOT)이란 영화를 본 적이 있다.

2004년 개봉작이다. 나보다 5년 전에 탄생한

영화인데, 영화의 수준이 월등하다.

배경은 2035년 미국의 시카고를 배경으로 하고 있다.

형사인 윌스미스와   NS5라는 로봇의 쫓고 쫓기는 여러 상황
그리고 백미인

로봇 3원칙은 다음과 같다고 한다.(나무위키 아이작아시모프)
제1원칙 : 로봇은 인간에게 해를 입혀서는 안 된다. 그리고 위험에 처한 인간을 모른 척해서도 안 된다.
제2원칙 : 제1원칙에 위배되지 않는 한, 로봇은 인간의 명령에 복종해야 한다.
제3원칙 : 제1원칙과 제2원칙에 위배되지 않는 한, 로봇은 로봇 자신을 지켜야 한다.

아이작아시모프의 세계관에서 "바이센테니얼

맨"이라는 영화도 보았다. 내가 기억하고 흥미를 느끼는 2개의 영화이기도하다.

위 영화는 200년을 사는 인간으로 한국어로 의역할 수 있는데,
로봇이 집으로 배달되어 온 이후로 계속 업그레이드된다.
시간은 흘러 여성은 아이를 낳고 또 손녀를 낳는다.

그 이후에 로봇도 진화하여, 본인이 인간인지 로봇인지 조차 구분 못하는 지경까지 가서 결국엔 국가에 소송을 하게 된다. 인간으로 인정해 달라.

충분히 미래에 예견되는 부분이다.

우리의 현재의 인공지능은 CCTV로 감시되는 영상을 가지고 범죄현장을 특정하고 자동차 번호판을 식별하여 범인을 잡아낸다.

chat gpt등장과 동시에 우리의 미래는 달라지고 있다. 금세 빠르게 빅데이터들이 모여, 범인은 쉽고 빠르게 잡아낼 것이다.

13. 인공지능을 활용한 생활의 변화

우리 집에서 아침에 날씨를 확인하는 방법이 있다. 카카오스피커를 통해 "헤이카카오~ 오늘 우리 동네 날씨 알려줘"라고 하면,

인공지능 스피커에 여성목소리로 오늘 대기온도는 몇 도이며, 미세먼지는 어쩌구 하며 오늘의 날씨를 알려준다.

또한 아버지는 오늘의 "뉴스속보"알려줘 라고 하면

"오늘의 뉴스를 알려드리겠습니다"라며, 인공지능 스피커가 알려준다.

몇 년전만 해도 이건 가능하지 않았다.

헌데 이게 우리 가정의 일상이 되었다. 날씨를 듣고 우산도 챙기고, 미세먼지 농도를 알고 kf94마스크를 쓸지 일반 마스크를 쓸지 정한다.

이 얼마나 많은 변화인가?

또한 자동차에서 "t"네비게이션을 이용한 가장 막히지 않는 최적 경로로 길안내를 받고 있고, 우리 가정은 외출을 한다.

앞으로 대화형 인공지능을 활용하여,

과제도 하고, 3d프린터로 장난감이나 동생의 반지를 만들 수도 있다.

우리 집에 3d프린터물이 많이 있다. 동생이

학교에서 만들어온 과제물들이 많다. 3d펜을 이용한 당근과 토끼를 만들어 최근에 가지고 왔다. 헌데 프린터를 이용하면 정말 정교하다.

월드뉴스를 보니 3d프린터를 이용해 집도 만들고 있다지 않는가?

강남역 지하상가에는 오직 로봇이 커피를 만들어 로봇 팔로 커피를 내주고 있다.

완전 무인화가 이루어진 것이다.

이는 과거 영국의 산업혁명처럼, 사람의 일자리를 빼앗는다는 인식이 있을 수도 있으나,

기계를 때려 부수는 이런 혁명은 일어날 것 같지 않다. 새로운 직업은 끊임없이 생기기 때문이다.

인간은 이에 순응하며 새롭게 변화해갈 것이다.

하지만 최근의 기류를 보면 두려움이 앞서기도 한다.

변화의 속도가 너무도 빠르니 말이다.

14. 인공지능 로봇에 의한 전쟁 발현 (스타워즈 / 아이로봇)

앞에서 언급한 인공지능 로봇에 대한 이야기이다.

최근에 스타워즈 시리즈 전편(6편)을 모두 영화로 보았다.

1977년에 최초 개봉하였다고 하니.(내 부친의 탄생시기이다)

1970년대 초반시기부터 영화의 기획부터 영상촬영이 이루어졌을 것이다.

나는 그 중에 밀레니엄팔콘 이라는 전투기의 오리지널 버전을 산적이 있다. 지금 봐도 멋진 전투기이며,

레고로 x윙파이터를 삼촌에게 선물 받았는데, 우주의 세계관이 나에게 생긴 것처럼 즐겁고 재미있다.

48여 년 전에 스타워즈라는 영화가 만들어지고 개봉되었다니 입이 다물어지지 않는 상황이다.

헌데 지금 현재 스타워즈와 같은 우주전쟁이 실제로 나타날 준비가 되어 간다는 것이다.

인공지능의 발전은 끝을 모르게 발전되고 있다.

단순 예를 들면,

빅데이터에 기반을 둔 머신러닝 기술 말이다.

빅데이터의 끝은 인간 두뇌에 저장되는 데이터, 즉 한사람이 태어나서 죽을 때까지의 시각,청각,영상등의 모든 데이터를 합쳐서 하나의 하드디스크에 저장한 용량 자체에 데이터를 이전시키고,

육체는 죽음에 이르렀을 때, 이 기억과 영상에 의한 인공 지능적 영적 존재가(하드디스크)가 과거의 기억과 여러 경험을 떠올려 계속 우리에게 대화를 주고받으면

우리가 이것을 사람으로 인식할까? 로봇으로 인식할까? 아니면 이게 무엇일까?

기술은 계속 발전하여, 단순한 골프공만 한

집합체 물질에 우리 인간 1명의 희로애락 100년 치 데이터가 들어간다고 보자.

자 이게 우리와 소통하며, 살아있는 인간과 거의 다를 바 없는 의사소통을 한다면 이게 사람이 죽은 걸까? 귀신일까? 무엇일까?

예를 들어 영화 키시로 유키타의 ”총몽“을 원작으로 한 2019년 개봉 ”알리타 배틀엔젤” 에서 보면 과연 인간이란 무엇으로 정의해야 하는가 라는 의문이 생기게 된다.

모든 게 로봇인 신체에 골프공만한 뇌같은 물질을 넣으면 그게 인간인 것인가?

우리는 심각히 고민하고 고민해야 할 일이다.

터미네이터 2편(1991년 개봉) 아이로봇(2004 년 개봉)에서도 보듯, 인공지능의 판단에 의 한 범죄와 전쟁은 인류파멸로 몰고 있다.

현재 등장한 chat gpt 대화형 인공지능은 이를 예견하고 있다. 모든 것을 이 대화형 인공지능이 집어 삼킬 예정이며, 구글의 주가는 큰 폭으로 추락해 버렸다.

과연 인공지능 로봇3원칙을 주입시켜면 이들이 이를 잘 섬기며 따를 것인지도 의문이다. (아이작 아시모프도 이 의문에 대해 지적) 로봇 윤리나 인공지능 윤리는 제정되어야 하겠지만,

로봇이 나는 인간이라고 판단된다. 나를 인간으로 인정해달라는 수준까지 가면, 인간의 법정에서 이를 어떻게 판단해야 할지의 판단도 짐작조차 되지 않는다.

이에 테슬라 창업자 일론 머스크가 설립한 애드아스트라 학교나 레이커즈와일이 세운 싱글레러티 대학교 같은 경우에

인공지능에게 정복당한 노예계급이 아닌 인공지능을 관리하는 인간의 교육을 목표로 하였다는 점이 우리에게 시사한 바가 크다.

레이커즈와일의 저서 특이점이 온다(The Singularity Is Near) 아마존 베스트셀러에 선정되고 이 책에서 그는 2045년에 나노공학, 로봇공학, 생명공학의 발전 덕분에 인간의 수명을 무한히 연장할 수 있게 되고, 인간과 같은 지능을 가진 인공지능이 등장하리라고 주장한바 있고, 이는 현실처럼 되어 가고 있다.

2045년이 된 시점에 우리는 어떤 삶을 살고 있을까?

알리타 베틀엔젤에서처럼 반인 반로봇의 몸으로 영생을 살 수 있는 삶을 살 것인지?

15. 외계인과 UFO의 공격

칼세이건 교수의 외계동물학, 외계생물학에 대해 관심을 가져 이에 대한 연구를 하며 학위를 받았다 한다. 코스모스라는 책을 보면 흥미진진하다.

이 칼세이건 교수는 훌륭한 제자 닐타이슨 교수를 통해 사후에도 우리가 코스모스라는 영상을 볼 수 있게끔 하고 있다.
(닐타이슨 교수는 흑인이며, 이 당시 고등학생 신분으로 칼세이건 교수에게 자필 편지를 썼다 한다. 즉, 만나자고 말이다. 여기서 배운 점이 있어 나는 편지로 내 인터뷰어와 지금도 소통하고 있다. 서신은 참 따뜻하고 좋은 것이다. 내 아이폰프로맥스가 아무리 뛰어날지라도 이 기기를 통하지 않는 현재의 아날로그 감성이 우편을 타고 전해질 때 진심이 전해짐을 믿는다)

이 외계인의 존재. 외계인과의 의사소통은 1997년 개봉한 영화 "콘택트"를 통해 나는 이해하고 있다.조디포스터.매튜매커네히가 출연한 이 영화는 외계인과의 의사소통에 대해 끊임없이 도전하고 탐구하는 천문학자의 삶을 다루고 있다.

칼세이건 교수는 외계생물학의 독보적인 존재이나, 이 외계에 생물이나 동물이나 또는 우리 인간과 같은 지능을 가진 존재가 아직 발견되지 못했기에

학계에서 뭇매를 맞는 분위기이기도 하다.

헌데, 465억 광년을 빛의 속도로 날아가야 우주 끝까지 닿을 수 있다는 공식이나 개념을 봤을 때,

외계인은 충분히 존재하며, 지능이 높건 낮건 우리 우주에

지구와 같은 행성은 존재한다는 것을 (아바타 등장 행성은 겨우 4광년 정도의 거리이다.)

제임스카메론 감독의 "아바타"라는 영화에서도 우린 느끼고 있다.

눈에 보이지 않고 발견되지 않았다 하여 없다고 단전하는 것은,

신학에서 말하는 하느님.부처님 등이 눈에 보이지 않는다고 해서 믿지 않는 무신론자의 논점이기도 하니,

영화를 보며 미래를 보는 나의 관점처럼, 465억 광년을 광속우주여행을 해서 닿았지만, 아직도 끝에 가지 못한 팽창하는 우주를 볼 때, 외계인의 존재성을 단정하는 것은 무식한 판단이라고 밖에 생각할 수 없다.

이 외계인이 우리를 공격하거나, 점령하러 온

다는 공상과학 영화 또는 소설은 먼 미래의
일이 아닐 수 있다.

UFO가 발견되었다거나 로렌스R스펜서의 "외
계인 인터뷰"라는 책을 보면 마틸다멕클로이
라는 미국공군 의무부대 상사의 편지와 메모
를 엮어서 책을 썼다는 부분에서 흥미로우며

우리의 세계관, 종교관, 외계인의 존재감등
다각도 우리에게 시사 하는 바가 큰 점이다.
(무려 교보문고에서 종교서적으로 분류된다.
카테고리가 말이다)

우리는 누구이며, 외계인은 존재는 하는 것이
며, 여러 의문점이 이 책을 통해 조금은 해소
된 느낌이다.

이 책에서 흥미로웠던 점은 핵전쟁(핵실험을
말한 것)에 대한 조사 차원에서 외계인이 지
구로 왔다는 점이다.

그 정도로 핵무기나 핵전쟁 핵실험이 외계인이 보아도 위협적이라고 볼 것이라는 점이다.

우리는 이 핵을 이용한 부분의 무기화라던지 에너지화를 법률에 의해 철저히 관리할 부분이 핵심이라는 것을 인지해야 할 것이다.

16. 미래에너지

2023년 겨울은 난방에너지 문제로 시끌시끌하다. 다행히 우리 집은 도시가스를 사용치 않고 지역난방을 사용하는 가정이고, 요리를 할 때도 인덕션 전기 장치를 이용해 요리를 하니 도시가스요금을 낼 일이 없다고 한다.

헌데, 한국가스공사에서 수입하는 가스가 가격문제를 일으켜 온 국민이 난방비 폭탄을 맞는다느니, 일반 자영업자의 난방비 등등 난리라고 한다.

국가에서도 이런 부분의 여론을 수렴하여 자구 노력을 하고 있지만 이는 근원적인 해결책은 아닐 것이다.

러시아처럼 전쟁이 발발후, 유럽으로 나가는 가스관을 막아버린다면 가스 값의 상승은 상상을 못할 것이기 때문이다.

미래에너지원을 연구해야 할 시기이다.

어떻게 하면 청정에너지를 생산하고 관리할지 말이다.

지난 정권의 태양광 에너지 풍력에너지등등이 전남 신안앞바다 인근에 세워지고, 태양광이 군단위 정도의 면적에 세워졌다는 뉴스를 접한 적이 있다.

헌데 이 태양광이란 것은 기상의 영향을 많

이 받을 것이며, 변동 폭이 크며, 제주도 같은 경우에 생산되는 태양. 풍력에너지를 소화를 못해 이 발전기를 어떨 때는 꺼버리는 경우도 있다고 하니 심각한 문제가 아닐 수.

이 시기에

대전에 있는 "한국핵융합에너지연구원"이란 곳에 어린이조선일보 취재차 다녀왔다. 우리가 말하는 핵발전소는 핵분열을 하여 생기는 열에너지를 이용하여 전기를 생산하는데, 문제는 이 핵분열에서 생기는 핵폐기물에 있다.

바로 2030년에는 핵폐기물을 매립할 부지가 없어 당장 원전가동을 중단해야 할 상황이 온다고도 한다.

이에 꿈의 에너지로 일컬어지는 핵융합을 이용한 에너지 창출에 대한 부분을 취재해 본 경험이 있는데,

2025년 완공 목표로 전 세계 7개국이 참여하는 연합체로 프랑스에 ITER 라는 국제핵융합실험로를 만들고 있다.

이는 1억 도가 넘는 인공태양을 만들어 핵분열이 아닌 핵융합을 만드는 물리방법으로 폐기물의 거의 나오지 않는 꿈의 에너지라고 한다.

이의 상용화가 되면 추울 때 따뜻하게 지낼 수 있고, 무더위에 시원하게 지낼 수 있는 무한대의 전기를 써도 무방한 에너지를 생산할 수 있다고 하니,

이 시기가 되면, 전 세계 각지의 에너지 난민들이 풍요롭게 살 수 있는 환경이 되리라 짐작된다.

17. 식민제국의 건설(화성 또는 아바타행성 식민지화)

위 핵융합에너지 기술만 상용화된다면 화성을 가던지, 태양계를 벗어나는 일은 시간문제로 생각된다.

꿈에 그리던 우주여행이 시작되는 것이다. 일론 머스크는 화성에 꼭 가려고 하고 있고, 결국에는 화성에 갈 것으로 생각된다.

현재 유튜브에서도 4K화질로 화성의 동영상이 계속 올라오고 있고,

우리 지구와 유사한 장소가 화성이라니, 화성부터 정복한 이후에 우리의 미래라 펼쳐질 것으로 생각된다.

또한 아바타의 미래가 실제가 되어, 알파센타우리 항성은 4.37광년 거리로 빛의 속도로 4

년이 넘게 걸리는

아주 지구에서 가까운 항성이다.(우주의 끝까지 가는데 465억 년이 걸리니 말이다.)

이정도 거리면 핵융합에너지로 빠른 우주선을 만들어 곧 우리의 식민지를 만들 수 있을 것만 같은 생각이 든다.

이에 근거하여 제임스카메론 감독은 영화를 만들었을 것이다.

현재 지구온난화등으로 인한 여러 현상. 2월 초에 생긴 튀르키예의 지진으로 2만 명 넘게 사망한 사건, 북미 지역의 산불
동유럽의 혹한기 등등을 보면

우리 지구가 뜨거워지는 속도가 빨라지며 북극에서 빙하가 녹는 속도처럼.

급하게 우리의 미래를 설계해 나가야 할 것이다.

18. **인류의 종말**
(Final Destination or Judgment Day)

안타깝게도 우리는 인류의 파멸 또는 종말 영화 터미네이터2에서 본 핵전쟁후 파괴된 지구나, 달 또는 행성이 지구로 돌진하는 문폴 과 같은 미래. 상상해 보지 않을 수 없다.

인류의 산업혁명이후 100년간의 지구의 화석 연료 시비 및 온난화 현상등 끊임없이 우리는 지구를 힘들게 하고, 과거와 비교해 빛의 속도 이상으로 문명을 진화해 오고 있으며, 지금 이 책을 쓰는 2023년도에도 대 변혁의 인공지능이 탄생하며, 우리 미래를 예측불가능의 상태로 몰아가고 있다.

인류의 종말단계는 차르봄바와 같은 수소폭

탄급 폭탄이 터져 전 인류의 70%가 사망한
다던가, 공룡이 멸종한 수준 정도의 핵겨울이
온다던가 여러 상황이 있을 것이다.

인류의 종말의 우리가 알지 못하는 사이에
등장할 것이며, 우리는 이에 대한 최소한의
대비는 하고 살아야 할 것이다.

끊임없는 과학기술의 발전 속에 잘 정비된
인공지능윤리를 세우며, 불노 불사할 인간탄
생(알리타 베틀엔젤)의 시점에 영생을 바라
는 인간의 욕구에 부흥한 아바타와 같은 식
민 행성을 찾아 나서서 미래를 잘 설계해 나
가야 할 것이다.

레이커즈와일의 2045년 싱글레러티 이즈 니
어에 영감을 받은 이 책은 앞으로 펼쳐질 질
병의 치료. 아니 질병이란 게 없어질 미래,
다만 급격한 전염병에 의한 중세 페스트전염
병처럼 수천만 명이 사망할 시점에 대한 대

비책 등등을

2009년생의 관점으로 살펴보았다.

인류의 종말인가?
인류의 번영인가?

이는 인간의 의지에 달렸다. 단 인공지능이
곧 추격을 할 것이다.

인공지능이 추격한 후의 인류의 미래는 종이
되느냐 주인이 되느냐의 문제가 아닌, 인공지
능을 관리할 수준의 지능의 인간이 많이 육
성되어 우리의 미래를 밝히는 게 첫 번째 우
리 인류의 임무가 아닐까?

19. 2050 인류의 미래

레이커즈와일이 말한 2045년이 다가오고 있
고, 내가 받을 국민연금은 고갈되어 받을게

없다는 암울한 뉴스를 접한다.

가만히 앉아서 이런 미래를 보고만 있을 수 없다.

생존을 하려면 그만한 노력을 하여야 하고, 항상 그러하듯, 우리 인류는 미래를 개척하여 왔고, 현재도 그러하다.

전염병을 아예 막아버릴 유전자 가위를 만들어 초 사이언 유전자 인간을 만들고, 생명과학의 발달을 신의영역까지 끌어올리고 있다.

골프공 보다 작은 두뇌를 만들어 모든 인간의 생로병사 역사를 100년 치가 아닌 1000년 치를 저장할 날이 곧 온다.

아주 가까운 미래에 말이다. 우리가 부모세대의 윈도우 도스 시스템의 저장용량이 얼마였는가? 또한 그 컴퓨터의 가격은 ?1970년대 말이다.

2024년 현재 시중에서 저장되는 10테라바이트는 얼마이고 이의 저장용량은 얼마까지 늘어날 것이며, 1000테라까지 단돈 1만원에 살 수 있는 상황은 몇 년도에 나타날 것인가?

먼 미래가 아닌 빛의 속도 이상의 미래가 다가오고 있다.

특이점이 올 2045년 병에 걸리지도 팔다리가 잘려도 바로 장착할 수 있는 대체 육체가 나오고 우주여행. 우주 식민지에 가서 이주해가서 살날이 곧 다가오고 있다.

짧게는 1년 이내의 대비, 길게는 30년 후의 대비책을 개인별, 국가별, 전 세계연합체 별로 나눠서 준비를 해야 할 것이다.

이런 예측 가능한 미래를 글로 남기는 이유

는 2045년이 된 시점, 그리고 그이후의 5년 후 2050년의 내가

내 자녀에게 새로운 미래를 설계해주는 지침서를 남기기 위함이다.

우리의 미래는 정해져 있다.

죽느냐 사느냐?

종속되느냐? 지배당하느냐? 통제하느냐?

답은 무엇일까?

앞으로의 미래는 인공지능을 관리할 능력자의 부류와 인공지능에 지배당하지 않고 인공지능을 이용해 새로운 식민지 건설을 할 우주개척국가가 살아남을 것으로 본다.

앞으로의 미래를 같이 예측해 보며, 대비해
보자.